LOVE IS THE GREATEST ADVENTURE

THIS BOOK BELONG TO

- -

THERE IS ALWAYS LOVE IN THIS WORLD

SOMEONE.....
SOMEWHERE.....
IS MADE FOR YOU

About Me

My Picture

_____

_____

_____

_____

_____

_____

_____

_____

What I Love About Myself

_____

_____

_____

_____

_____

_____

_____

_____

_____

About My Partner

My Partner

_____

_____

_____

_____

_____

_____

_____

What I Love About My Partner

_____

_____

_____

_____

_____

_____

_____

_____

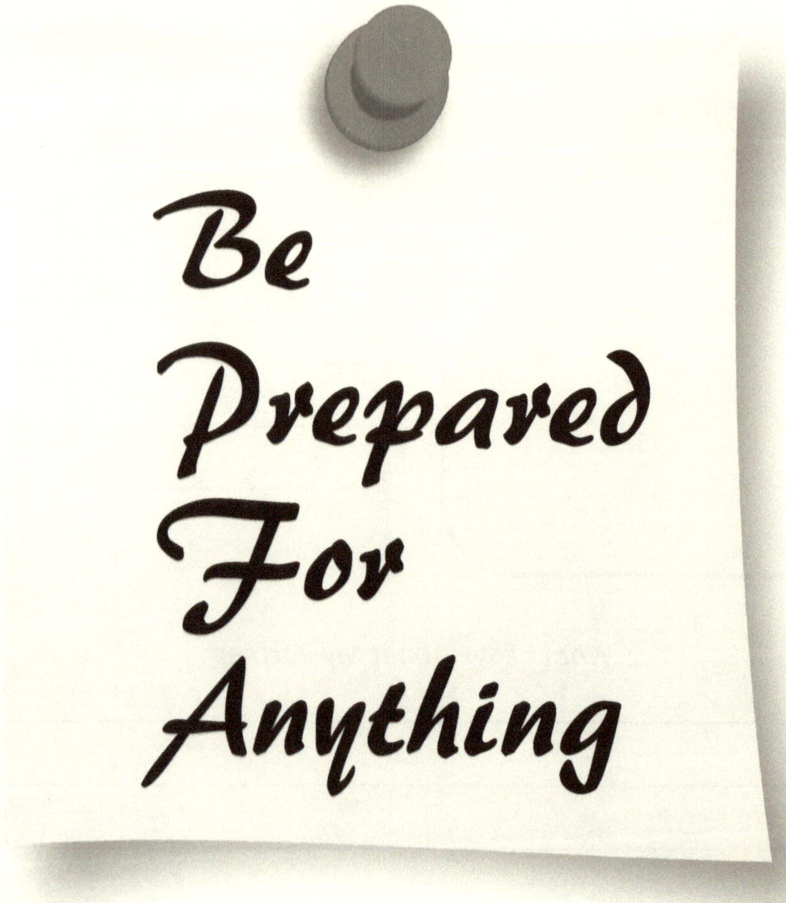
Be
Prepared
For
Anything

Write Down 5 LOVE QOUTES
THAT YOU THINK TODAY

1. _____
2. _____
3. _____
4. _____
5. _____

Explain How This Will Make You Feel

_____
_____
_____
_____
_____
_____
_____
_____
_____
_____
_____

Today is
Sunday Monday Tuesday Wednesday Thursday Friday Saturday

2019

1 2 3 4 5 6 7 8 9 10 11 12 13 14 15 16 17 18 19 20 21 22 23 24 25 26 27 28 29 30 31

I'm feeling _____

_____

_____

_____

_____

_____

_____

_____

_____

I'm thinking about...

My goals _____

_____

_____

_____

_____

_____

_____

_____

To Do List

Check	Task	Deadline
☐		
☐		
☐		
☐		
☐		
☐		
☐		
☐		

To Do List

Check	Task	Deadline
☐		
–		
☐		
–		
☐		
–		
☐		
–		
☐		
–		
☐		
–		
☐		
–		
☐		
–		

30 Day Productivity Plan

M	T	W	T	F

You Must
LOVE
YOURSELF
FIRST

Picture of the day

Notes:

Additional Notes:

Additional Notes:

Checklist

- [ ] _____
- [ ] _____
- [ ] _____
- [ ] _____
- [ ] _____
- [ ] _____
- [ ] _____
- [ ] _____
- [ ] _____
- [ ] _____
- [ ] _____
- [ ] _____
- [ ] _____
- [ ] _____
- [ ] _____
- [ ] _____
- [ ] _____
- [ ] _____
- [ ] _____

Checklist

- [ ] _____
- [ ] _____
- [ ] _____
- [ ] _____
- [ ] _____
- [ ] _____
- [ ] _____
- [ ] _____
- [ ] _____
- [ ] _____
- [ ] _____
- [ ] _____
- [ ] _____
- [ ] _____
- [ ] _____
- [ ] _____
- [ ] _____
- [ ] _____
- [ ] _____
- [ ] _____

Quick Checklist

What Should I Do

- [ ] _____
- [ ] _____
- [ ] _____
- [ ] _____
- [ ] _____

Notes

♥ My Partner List ♥

- [ ] _____ [ ] _____
- [ ] _____ [ ] _____
- [ ] _____ [ ] _____
- [ ] _____ [ ] _____
- [ ] _____ [ ] _____

Notes

Achievement ☀

- [ ] _____
- [ ] _____
- [ ] _____
- [ ] _____
- [ ] _____

Notes

Quick Checklist

What Should I Do

- [ ] _____
- [ ] _____
- [ ] _____
- [ ] _____
- [ ] _____

Notes

♥ My Partner List ♥

- [ ] _____ [ ] _____
- [ ] _____ [ ] _____
- [ ] _____ [ ] _____
- [ ] _____ [ ] _____
- [ ] _____ [ ] _____

Notes

Achievement

- [ ] _____
- [ ] _____
- [ ] _____
- [ ] _____
- [ ] _____

Notes

 # Health and Fitness
Weekly Checklist

	M	T	W	TH	F	SA	SU
Drink 2L of water							
Workout for at least 30 minutes							
Stretch							
At least 5 servings of fruit/veg							
No eating after 9pm							
Try to get 8 hours of sleep							

Name: _____   Date: _____

Report

QUESTION: What are we trying to find out?

PREDICTION: What do you think is going to happen?
I predict that...

PROCEDURE: What needs to be done, step-by-step?

Weekday To Do List

MONDAY

- [ ]
- [ ]
- [ ]
- [ ]
- [ ]

TUESDAY

- [ ]
- [ ]
- [ ]
- [ ]
- [ ]

WEDNESDAY

- [ ]
- [ ]
- [ ]
- [ ]
- [ ]

THURSDAY

- [ ]
- [ ]
- [ ]
- [ ]
- [ ]

FRIDAY

- [ ]
- [ ]
- [ ]
- [ ]
- [ ]

NOTES

- [ ]
- [ ]
- [ ]
- [ ]
- [ ]

Weekly To Do List

SATURDAY

- ☐ _____
- ☐ _____
- ☐ _____
- ☐ _____
- ☐ _____

SUNDAY

- ☐ _____
- ☐ _____
- ☐ _____
- ☐ _____
- ☐ _____

Notes

- ☐ _____
- ☐ _____
- ☐ _____
- ☐ _____
- ☐ _____

Journal

Date: _____

Topic:

_____
_____
_____
_____
_____
_____
_____
_____
_____
_____
_____
_____

Share picture here:

Name: _____   Date: _____

Report

QUESTION: What are we trying to find out?

PREDICTION: What do you think is going to happen?
I predict that...

PROCEDURE: What needs to be done, step-by-step?

A friend is someone who knows all about you and still loves you

~ Elbert Hubbard

30 Day Productivity Plan

M	T	W	T	F

Be Prepared For Anything

Write Down 5 LOVE QOUTES
THAT YOU THINK TODAY

1. _____
2. _____
3. _____
4. _____
5. _____

Explain How This Will Make You Feel

_____
_____
_____
_____
_____
_____
_____
_____
_____
_____

Today is

Sunday Monday Tuesday Wednesday Thursday Friday Saturday

2019

1 2 3 4 5 6 7 8 9 10 11 12 13 14 15 16 17 18 19 20 21 22 23 24 25 26 27 28 29 30 31

I'm feeling _____

_____

_____

_____

_____

_____

_____

_____

_____

I'm thinking about...

My goals _____

_____

_____

_____

_____

_____

_____

_____

_____

To Do List

Check	Task	Deadline
☐		
☐		
☐		
☐		
☐		
☐		
☐		
☐		

To Do List

Check	Task	Deadline
☐		
☐		
☐		
☐		
☐		
☐		
☐		
☐		

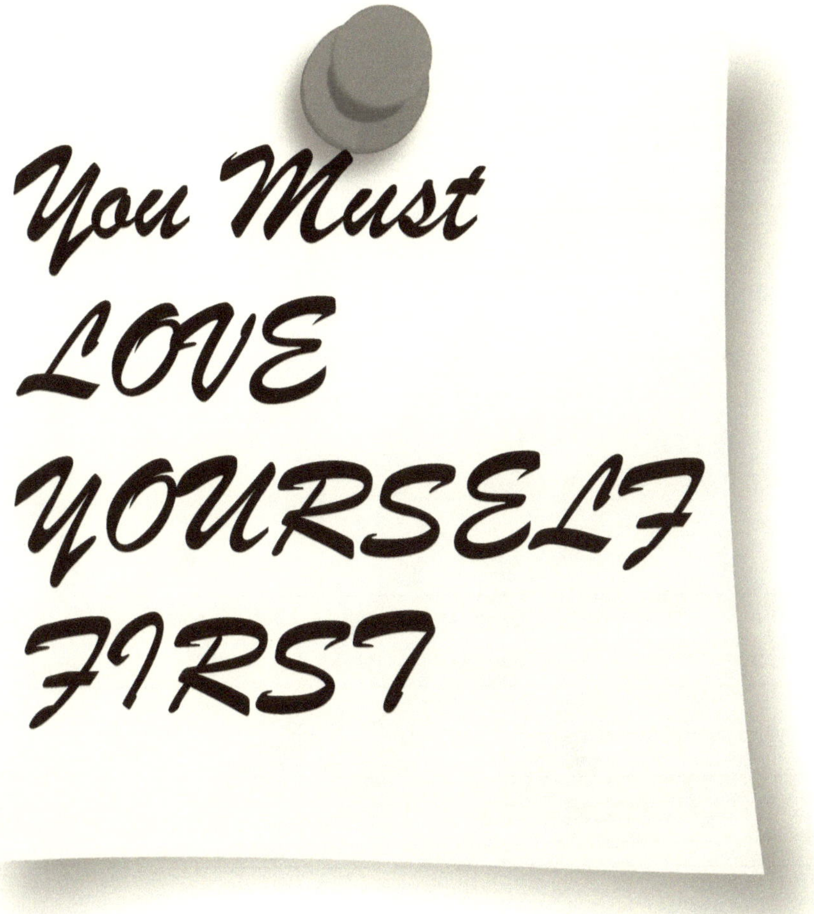
You Must
LOVE
YOURSELF
FIRST

Picture of the day

Notes:

Additional Notes:

Additional Notes:

Checklist

- [ ] _____
- [ ] _____
- [ ] _____
- [ ] _____
- [ ] _____
- [ ] _____
- [ ] _____
- [ ] _____
- [ ] _____
- [ ] _____
- [ ] _____
- [ ] _____
- [ ] _____
- [ ] _____
- [ ] _____
- [ ] _____
- [ ] _____
- [ ] _____
- [ ] _____
- [ ] _____

Checklist

- ☐ _____
- ☐ _____
- ☐ _____
- ☐ _____
- ☐ _____
- ☐ _____
- ☐ _____
- ☐ _____
- ☐ _____
- ☐ _____
- ☐ _____
- ☐ _____
- ☐ _____
- ☐ _____
- ☐ _____
- ☐ _____
- ☐ _____
- ☐ _____
- ☐ _____

Quick Checklist

What Should I Do

- [ ] _____
- [ ] _____
- [ ] _____
- [ ] _____
- [ ] _____

Notes

My Partner List

- [ ] _____ [ ] _____
- [ ] _____ [ ] _____
- [ ] _____ [ ] _____
- [ ] _____ [ ] _____
- [ ] _____ [ ] _____

Notes

Achievement

- [ ] _____
- [ ] _____
- [ ] _____
- [ ] _____
- [ ] _____

Notes

Quick Checklist

What Should I Do

- [ ] _____
- [ ] _____
- [ ] _____
- [ ] _____
- [ ] _____

Notes

♥ My Partner List ♥

- [ ] _____ [ ] _____
- [ ] _____ [ ] _____
- [ ] _____ [ ] _____
- [ ] _____ [ ] _____
- [ ] _____ [ ] _____

Notes

Achievement

- [ ] _____
- [ ] _____
- [ ] _____
- [ ] _____
- [ ] _____

Notes

 # Health and Fitness Weekly Checklist

	M	T	W	TH	F	SA	SU
Drink 2L of water							
Workout for at least 30 minutes							
Stretch							
At least 5 servings of fruit/veg							
No eating after 9pm							
Try to get 8 hours of sleep							

Weekday To Do List

MONDAY

- ☐ _____
- ☐ _____
- ☐ _____
- ☐ _____
- ☐ _____

TUESDAY

- ☐ _____
- ☐ _____
- ☐ _____
- ☐ _____
- ☐ _____

WEDNESDAY

- ☐ _____
- ☐ _____
- ☐ _____
- ☐ _____
- ☐ _____

THURSDAY

- ☐ _____
- ☐ _____
- ☐ _____
- ☐ _____
- ☐ _____

FRIDAY

- ☐ _____
- ☐ _____
- ☐ _____
- ☐ _____
- ☐ _____

NOTES

- ☐ _____
- ☐ _____
- ☐ _____
- ☐ _____
- ☐ _____

Weekly To Do List

SATURDAY

- ☐ _____
- ☐ _____
- ☐ _____
- ☐ _____
- ☐ _____

SUNDAY

- ☐ _____
- ☐ _____
- ☐ _____
- ☐ _____
- ☐ _____

Notes

- ☐ _____
- ☐ _____
- ☐ _____
- ☐ _____
- ☐ _____

Journal

Date: _____

Topic:

_____

_____

_____

_____

_____

_____

_____

_____

_____

_____

_____

_____

Share picture here:

Name: _____   Date: _____

Report

QUESTION: What are we trying to find out?

PREDICTION: What do you think is going to happen?
I predict that…

PROCEDURE: What needs to be done, step-by-step?

30 Day Productivity Plan

M	T	W	T	F

It is not a lack of love, but a lack of friendship that makes unhappy marriages

~ Friedrich Nietzsche

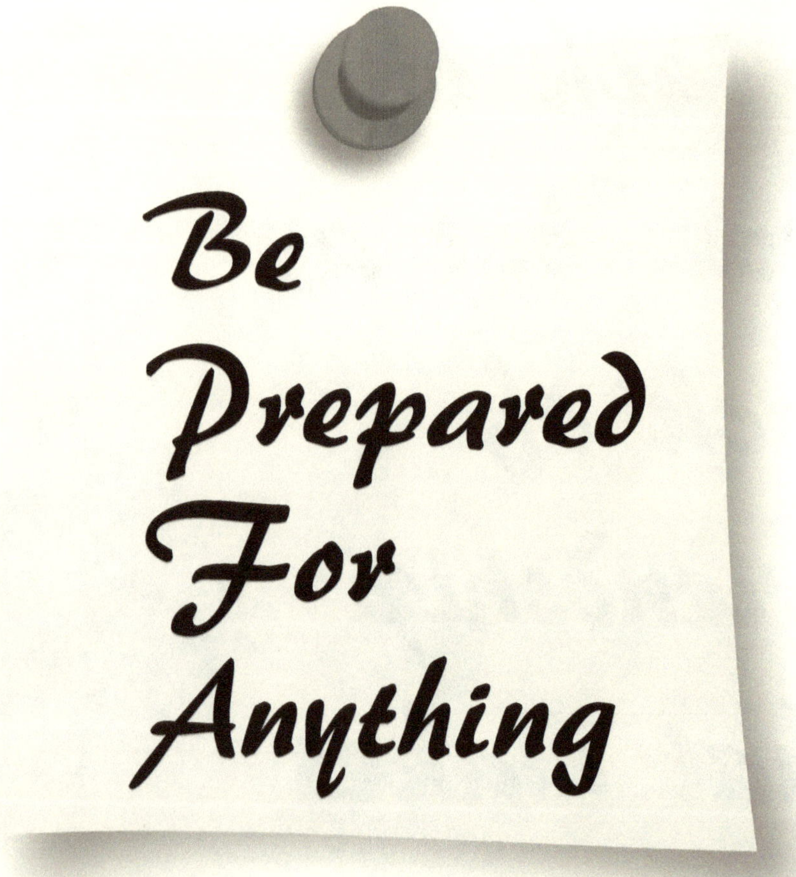
Be
Prepared
For
Anything

Write Down 5 LOVE QOUTES
THAT YOU THINK TODAY

1. _____
2. _____
3. _____
4. _____
5. _____

Explain How This Will Make You Feel

_____
_____
_____
_____
_____
_____
_____
_____
_____
_____

Today is

Sunday Monday Tuesday Wednesday Thursday Friday Saturday

2019

1 2 3 4 5 6 7 8 9 10 11 12 13 14 15 16 17 18 19 20 21 22 23 24 25 26 27 28 29 30 31

I'm feeling _____

_____

_____

_____

_____

_____

_____

_____

I'm thinking about...

My goals _____

_____

_____

_____

_____

_____

_____

_____

To Do List

Check	Task	Deadline
☐		
—		
☐		
—		
☐		
—		
☐		
—		
☐		
—		
☐		
—		
☐		
—		
☐		
—		

To Do List

Check	Task	Deadline
☐		
—		
☐		
—		
☐		
—		
☐		
—		
☐		
—		
☐		
—		
☐		
—		
☐		
—		

You Must LOVE YOURSELF FIRST

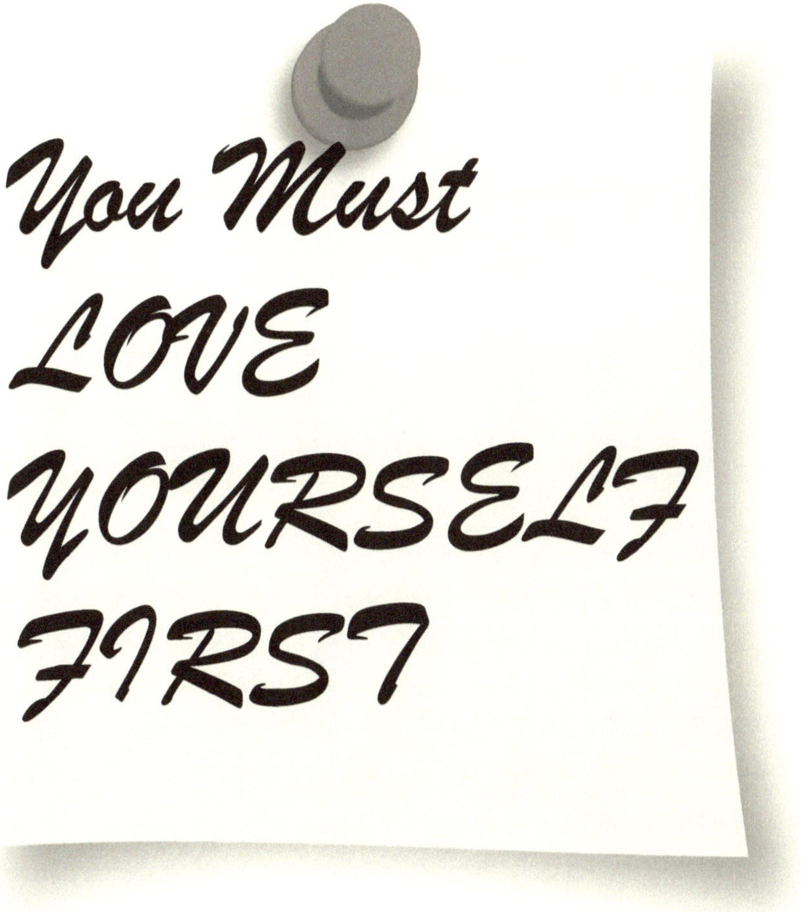

Picture of the day

Notes:
_____

_____

_____

_____

_____

_____

_____

_____

Additional Notes:

Additional Notes:

Checklist

- [ ] _____
- [ ] _____
- [ ] _____
- [ ] _____
- [ ] _____
- [ ] _____
- [ ] _____
- [ ] _____
- [ ] _____
- [ ] _____
- [ ] _____
- [ ] _____
- [ ] _____
- [ ] _____
- [ ] _____
- [ ] _____
- [ ] _____
- [ ] _____
- [ ] _____

Checklist

- ☐ _____
- ☐ _____
- ☐ _____
- ☐ _____
- ☐ _____
- ☐ _____
- ☐ _____
- ☐ _____
- ☐ _____
- ☐ _____
- ☐ _____
- ☐ _____
- ☐ _____
- ☐ _____
- ☐ _____
- ☐ _____
- ☐ _____
- ☐ _____
- ☐ _____

Quick Checklist

What Should I Do

- [ ] _____
- [ ] _____
- [ ] _____
- [ ] _____
- [ ] _____

Notes

My Partner List

- [ ] _____ [ ] _____
- [ ] _____ [ ] _____
- [ ] _____ [ ] _____
- [ ] _____ [ ] _____
- [ ] _____ [ ] _____

Notes

Achievement

- [ ] _____
- [ ] _____
- [ ] _____
- [ ] _____
- [ ] _____

Notes

Quick Checklist

What Should I Do

- [ ] _____
- [ ] _____
- [ ] _____
- [ ] _____
- [ ] _____

Notes

♥ My Partner List ♥

- [ ] _____ [ ] _____
- [ ] _____ [ ] _____
- [ ] _____ [ ] _____
- [ ] _____ [ ] _____
- [ ] _____ [ ] _____

Notes

Achievement

- [ ] _____
- [ ] _____
- [ ] _____
- [ ] _____
- [ ] _____

Notes

 # Health and Fitness
Weekly Checklist

	M	T	W	TH	F	SA	SU
Drink 2L of water							
Workout for at least 30 minutes							
Stretch							
At least 5 servings of fruit/veg							
No eating after 9pm							
Try to get 8 hours of sleep							

Weekday To Do List

MONDAY

- ☐ _____
- ☐ _____
- ☐ _____
- ☐ _____
- ☐ _____

TUESDAY

- ☐ _____
- ☐ _____
- ☐ _____
- ☐ _____
- ☐ _____

WEDNESDAY

- ☐ _____
- ☐ _____
- ☐ _____
- ☐ _____
- ☐ _____

THURSDAY

- ☐ _____
- ☐ _____
- ☐ _____
- ☐ _____
- ☐ _____

FRIDAY

- ☐ _____
- ☐ _____
- ☐ _____
- ☐ _____
- ☐ _____

NOTES

- ☐ _____
- ☐ _____
- ☐ _____
- ☐ _____
- ☐ _____

Weekly To Do List

SATURDAY

- [ ] _____
- [ ] _____
- [ ] _____
- [ ] _____
- [ ] _____

SUNDAY

- [ ] _____
- [ ] _____
- [ ] _____
- [ ] _____
- [ ] _____

Notes

- [ ] _____
- [ ] _____
- [ ] _____
- [ ] _____
- [ ] _____

Journal

Date: _____

Topic:

_____

_____

_____

_____

_____

_____

_____

_____

_____

_____

_____

_____

_____

_____

Share picture here:

Name: _____   Date: _____

Report

QUESTION: What are we trying to find out?

PREDICTION: What do you think is going to happen?
I predict that...

PROCEDURE: What needs to be done, step-by-step?

30 Day Productivity Plan

M	T	W	T	F

Love all,
trust a
few, do
wrong to
none

~ William Shakespeare

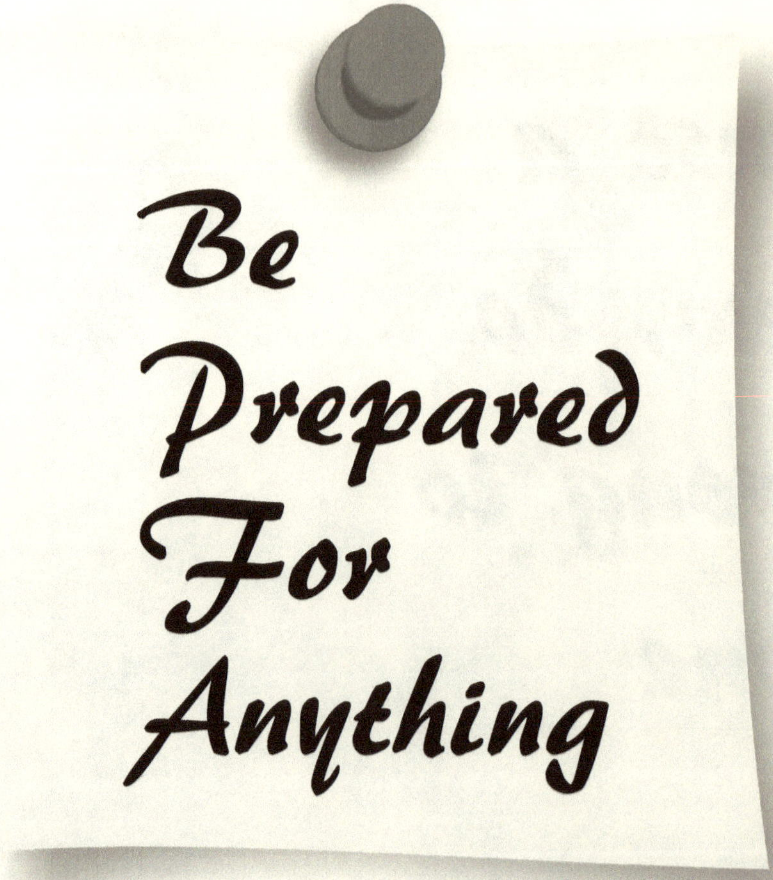
Be
Prepared
For
Anything

Write Down 5 LOVE QOUTES
THAT YOU THINK TODAY

1. _____
2. _____
3. _____
4. _____
5. _____

Explain How This Will Make You Feel

_____
_____
_____
_____
_____
_____
_____
_____
_____
_____

Today is

Sunday Monday Tuesday Wednesday Thursday Friday Saturday

2019

1 2 3 4 5 6 7 8 9 10 11 12 13 14 15 16 17 18 19 20 21 22 23 24 25 26 27 28 29 30 31

I'm feeling _____

_____

_____

_____

_____

_____

_____

_____

I'm thinking about...

My goals _____

_____

_____

_____

_____

_____

_____

_____

To Do List

Check	Task	Deadline
☐		
—		
☐		
—		
☐		
—		
☐		
—		
☐		
—		
☐		
—		
☐		
—		
☐		
—		

To Do List

Check	Task	Deadline
☐		
–		
☐		
–		
☐		
–		
☐		
–		
☐		
–		
☐		
–		
☐		
–		
☐		
–		

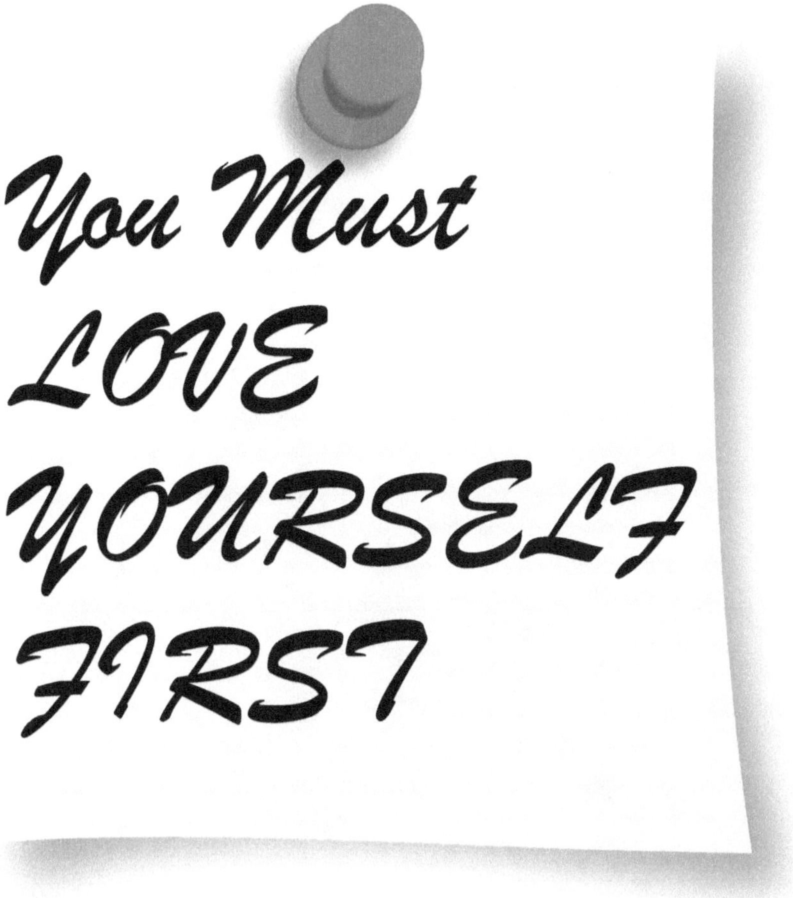
You Must
LOVE
YOURSELF
FIRST

Picture of the day

Notes:

Additional Notes:

Additional Notes:

Checklist

- [ ] _____
- [ ] _____
- [ ] _____
- [ ] _____
- [ ] _____
- [ ] _____
- [ ] _____
- [ ] _____
- [ ] _____
- [ ] _____
- [ ] _____
- [ ] _____
- [ ] _____
- [ ] _____
- [ ] _____
- [ ] _____
- [ ] _____
- [ ] _____
- [ ] _____

Checklist

- ☐ _____
- ☐ _____
- ☐ _____
- ☐ _____
- ☐ _____
- ☐ _____
- ☐ _____
- ☐ _____
- ☐ _____
- ☐ _____
- ☐ _____
- ☐ _____
- ☐ _____
- ☐ _____
- ☐ _____
- ☐ _____
- ☐ _____
- ☐ _____
- ☐ _____
- ☐ _____

Quick Checklist

What Should I Do

- [ ] _____
- [ ] _____
- [ ] _____
- [ ] _____
- [ ] _____

Notes

My Partner List

- [ ] _____
- [ ] _____
- [ ] _____
- [ ] _____
- [ ] _____
- [ ] _____
- [ ] _____
- [ ] _____
- [ ] _____
- [ ] _____

Notes

Achievement

- [ ] _____
- [ ] _____
- [ ] _____
- [ ] _____
- [ ] _____

Notes

Quick Checklist

What Should I Do

- [ ] _____
- [ ] _____
- [ ] _____
- [ ] _____
- [ ] _____

Notes

My Partner List

- [ ] _____ [ ] _____
- [ ] _____ [ ] _____
- [ ] _____ [ ] _____
- [ ] _____ [ ] _____
- [ ] _____ [ ] _____

Notes

Achievement

- [ ] _____
- [ ] _____
- [ ] _____
- [ ] _____
- [ ] _____

Notes

Health and Fitness
Weekly Checklist

	M	T	W	TH	F	SA	SU
Drink 2L of water							
Workout for at least 30 minutes							
Stretch							
At least 5 servings of fruit/veg							
No eating after 9pm							
Try to get 8 hours of sleep							

Weekday To Do List

MONDAY

- ☐ _____
- ☐ _____
- ☐ _____
- ☐ _____
- ☐ _____

TUESDAY

- ☐ _____
- ☐ _____
- ☐ _____
- ☐ _____
- ☐ _____

WEDNESDAY

- ☐ _____
- ☐ _____
- ☐ _____
- ☐ _____
- ☐ _____

THURSDAY

- ☐ _____
- ☐ _____
- ☐ _____
- ☐ _____
- ☐ _____

FRIDAY

- ☐ _____
- ☐ _____
- ☐ _____
- ☐ _____
- ☐ _____

NOTES

- ☐ _____
- ☐ _____
- ☐ _____
- ☐ _____
- ☐ _____

Weekly To Do List

SATURDAY

- [ ] _____
- [ ] _____
- [ ] _____
- [ ] _____
- [ ] _____

SUNDAY

- [ ] _____
- [ ] _____
- [ ] _____
- [ ] _____
- [ ] _____

Notes

- [ ] _____
- [ ] _____
- [ ] _____
- [ ] _____
- [ ] _____

Journal

Date: _____

Topic:

_____

_____

_____

_____

_____

_____

_____

_____

_____

_____

_____

_____

Share picture here:

Name: _____   Date: _____

Report

QUESTION: What are we trying to find out?

PREDICTION: What do you think is going to happen?
I predict that...

PROCEDURE: What needs to be done, step-by-step?

30 Day Productivity Plan

M	T	W	T	F

Being deeply loved by someone gives you strength, while loving someone deeply gives you courage

~ Lao Tzu

Be Prepared For Anything

Write Down 5 LOVE QOUTES
THAT YOU THINK TODAY

1. _____
2. _____
3. _____
4. _____
5. _____

Explain How This Will Make You Feel

_____
_____
_____
_____
_____
_____
_____
_____
_____
_____

Today is

Sunday Monday Tuesday Wednesday Thursday Friday Saturday

2019

1 2 3 4 5 6 7 8 9 10 11 12 13 14 15 16 17 18 19 20 21 22 23 24 25 26 27 28 29 30 31

I'm feeling _____

_____

_____

_____

_____

_____

_____

_____

_____

I'm thinking about...

My goals _____

_____

_____

_____

_____

_____

_____

To Do List

Check	Task	Deadline
☐		
☐		
☐		
☐		
☐		
☐		
☐		
☐		

To Do List

Check	Task	Deadline
☐		
☐		
☐		
☐		
☐		
☐		
☐		
☐		

You Must LOVE YOURSELF FIRST

Picture of the day

Notes:

Additional Notes:

Additional Notes:

Checklist

- [ ] _____
- [ ] _____
- [ ] _____
- [ ] _____
- [ ] _____
- [ ] _____
- [ ] _____
- [ ] _____
- [ ] _____
- [ ] _____
- [ ] _____
- [ ] _____
- [ ] _____
- [ ] _____
- [ ] _____
- [ ] _____
- [ ] _____
- [ ] _____
- [ ] _____
- [ ] _____

Checklist

- [ ] _____
- [ ] _____
- [ ] _____
- [ ] _____
- [ ] _____
- [ ] _____
- [ ] _____
- [ ] _____
- [ ] _____
- [ ] _____
- [ ] _____
- [ ] _____
- [ ] _____
- [ ] _____
- [ ] _____
- [ ] _____
- [ ] _____
- [ ] _____
- [ ] _____
- [ ] _____

Quick Checklist

What Should I Do

- [ ] _____
- [ ] _____
- [ ] _____
- [ ] _____
- [ ] _____

Notes

My Partner List

- [ ] _____ [ ] _____
- [ ] _____ [ ] _____
- [ ] _____ [ ] _____
- [ ] _____ [ ] _____
- [ ] _____ [ ] _____

Notes

Achievement

- [ ] _____
- [ ] _____
- [ ] _____
- [ ] _____
- [ ] _____

Notes

Quick Checklist

What Should I Do

- [ ] _____
- [ ] _____
- [ ] _____
- [ ] _____
- [ ] _____

Notes

♥ My Partner List ♥

- [ ] _____ [ ] _____
- [ ] _____ [ ] _____
- [ ] _____ [ ] _____
- [ ] _____ [ ] _____
- [ ] _____ [ ] _____

Notes

Achievement ☀

- [ ] _____
- [ ] _____
- [ ] _____
- [ ] _____
- [ ] _____

Notes

 # Health and Fitness
Weekly Checklist

	M	T	W	TH	F	SA	SU
Drink 2L of water							
Workout for at least 30 minutes							
Stretch							
At least 5 servings of fruit/veg							
No eating after 9pm							
Try to get 8 hours of sleep							

Weekday To Do List

MONDAY

- ☐ _____
- ☐ _____
- ☐ _____
- ☐ _____
- ☐ _____

TUESDAY

- ☐ _____
- ☐ _____
- ☐ _____
- ☐ _____
- ☐ _____

WEDNESDAY

- ☐ _____
- ☐ _____
- ☐ _____
- ☐ _____
- ☐ _____

THURSDAY

- ☐ _____
- ☐ _____
- ☐ _____
- ☐ _____
- ☐ _____

FRIDAY

- ☐ _____
- ☐ _____
- ☐ _____
- ☐ _____
- ☐ _____

NOTES

- ☐ _____
- ☐ _____
- ☐ _____
- ☐ _____
- ☐ _____

Weekly To Do List

SATURDAY

- ☐ _____
- ☐ _____
- ☐ _____
- ☐ _____
- ☐ _____

SUNDAY

- ☐ _____
- ☐ _____
- ☐ _____
- ☐ _____
- ☐ _____

Notes

- ☐ _____
- ☐ _____
- ☐ _____
- ☐ _____
- ☐ _____

Journal

Date: _____

Topic:

_____

_____

_____

_____

_____

_____

_____

_____

_____

_____

_____

_____

_____

Share picture here:

Name: _____   Date: _____

Report

QUESTION: What are we trying to find out?

PREDICTION: What do you think is going to happen?
I predict that...

PROCEDURE: What needs to be done, step-by-step?

30 Day Productivity Plan

M	T	W	T	F

*Love is
like the
wind, you
can't see
it but you
can feel
it.*

~ Nicholas Sparks

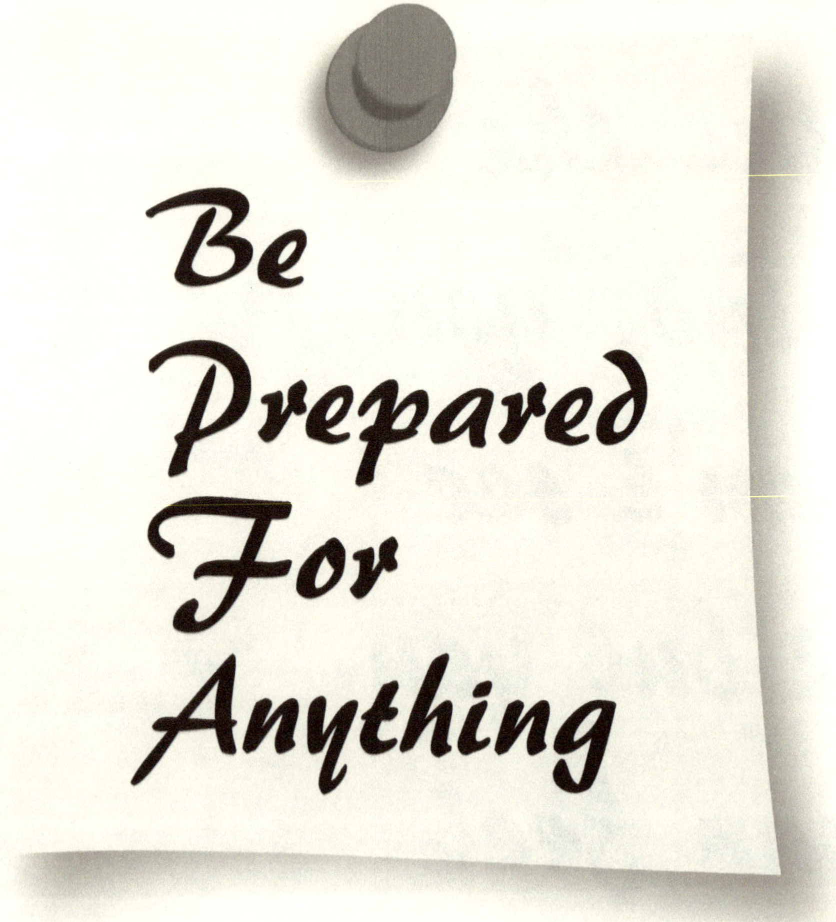
Be
Prepared
For
Anything

Write Down 5 LOVE QOUTES
THAT YOU THINK TODAY

1. _____
2. _____
3. _____
4. _____
5. _____

Explain How This Will Make You Feel

_____
_____
_____
_____
_____
_____
_____
_____
_____
_____
_____

Today is

Sunday   Monday   Tuesday   Wednesday   Thursday   Friday   Saturday

2019

1 2 3 4 5 6 7 8 9 10 11 12 13 14 15 16 17 18 19 20 21 22 23 24 25 26 27 28 29 30 31

I'm feeling _____

_____

_____

_____

_____

_____

_____

_____

I'm thinking about...

My goals _____

_____

_____

_____

_____

_____

_____

_____

To Do List

Check	Task	Deadline
☐		
	—	
☐		
	—	
☐		
	—	
☐		
	—	
☐		
	—	
☐		
	—	
☐		
	—	
☐		
	—	

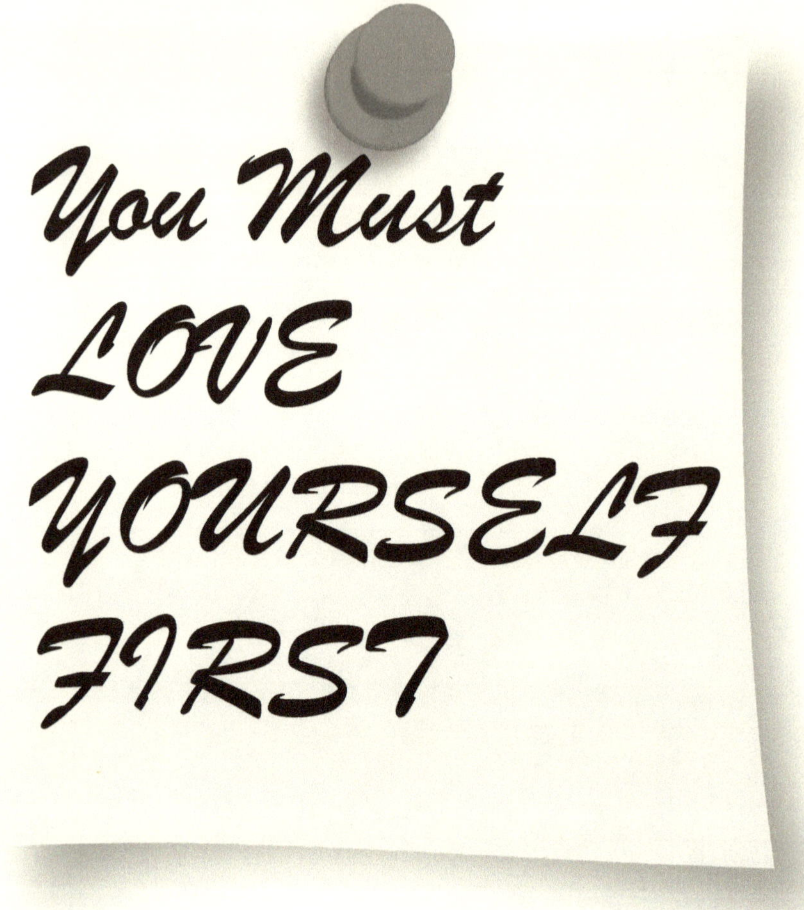
You Must
LOVE
YOURSELF
FIRST

Picture of the day

Notes:

Additional Notes:

Additional Notes:

Quick Checklist

What Should I Do

- [ ] _____
- [ ] _____
- [ ] _____
- [ ] _____
- [ ] _____

Notes

♥ My Partner List ♥

- [ ] _____ [ ] _____
- [ ] _____ [ ] _____
- [ ] _____ [ ] _____
- [ ] _____ [ ] _____
- [ ] _____ [ ] _____

Notes

Achievement

- [ ] _____
- [ ] _____
- [ ] _____
- [ ] _____
- [ ] _____

Notes

Quick Checklist

What Should I Do

- [ ] _____
- [ ] _____
- [ ] _____
- [ ] _____
- [ ] _____

Notes

My Partner List

- [ ] _____ [ ] _____
- [ ] _____ [ ] _____
- [ ] _____ [ ] _____
- [ ] _____ [ ] _____
- [ ] _____ [ ] _____

Notes

Achievement

- [ ] _____
- [ ] _____
- [ ] _____
- [ ] _____
- [ ] _____

Notes

Health and Fitness Weekly Checklist

	M	T	W	TH	F	SA	SU
Drink 2L of water							
Workout for at least 30 minutes							
Stretch							
At least 5 servings of fruit/veg							
No eating after 9pm							
Try to get 8 hours of sleep							

Weekday To Do List

MONDAY

- [ ] _____
- [ ] _____
- [ ] _____
- [ ] _____
- [ ] _____

TUESDAY

- [ ] _____
- [ ] _____
- [ ] _____
- [ ] _____
- [ ] _____

WEDNESDAY

- [ ] _____
- [ ] _____
- [ ] _____
- [ ] _____
- [ ] _____

THURSDAY

- [ ] _____
- [ ] _____
- [ ] _____
- [ ] _____
- [ ] _____

FRIDAY

- [ ] _____
- [ ] _____
- [ ] _____
- [ ] _____
- [ ] _____

NOTES

- [ ] _____
- [ ] _____
- [ ] _____
- [ ] _____
- [ ] _____

Weekly To Do List

SATURDAY

- ☐ _____
- ☐ _____
- ☐ _____
- ☐ _____
- ☐ _____

SUNDAY

- ☐ _____
- ☐ _____
- ☐ _____
- ☐ _____
- ☐ _____

Notes

- ☐ _____
- ☐ _____
- ☐ _____
- ☐ _____
- ☐ _____

Journal

Date: _____

Topic:

_____

_____

_____

_____

_____

_____

_____

_____

_____

_____

_____

_____

_____

_____

Share picture here:

Name: _____   Date: _____

Report

QUESTION: What are we trying to find out?

PREDICTION: What do you think is going to happen?
I predict that...

PROCEDURE: What needs to be done, step-by-step?

If you can make a woman laugh, you can make her do anything

~ Marilyn Monroe